BALLET DE LA POESIE,

DANSÉ A LILLE

PAR LES OFFICIERS DV REGIMENT DES GARDES DE SA MAJESTE'

Le 12. Fevrier 1668.

Auec permission.

BALLET DE LA POESIE,

ARGVMENT.

LA Poësie instruite par la Renommée, du dessein que les Dames & les Officiers de la ville de Lille ont fait de se diuertir, par la representation d'vne Piece de son art, quit-

 te

te ſa Cour Celeſte, pour venir elle-méme augmenter par ſa preſence, vn ſi agreable diuertiſſement, & ſuiuie de la Vertu, de la Gloire & de l'Immortalité qui l'accompagnent ſans ceſſe, fait auec Elles, l'ouuerture du Theatre, par le Dialogue qui ſuit.

DIA-

DIALOGVE

DE LA POESIE, DE LA VERTU, DE LA GLOIRE ET DE L'IMMORTALITE'.

LA POESIE.

Mortels ne vous estonnez pas,
De me voir descendre icy bas,
Malgré les perils que la guerre
Fait à present courre en ces lieux,
Ce n'est pas d'aujourd'huy que i'ay quitté les Cieux
Pour venir habiter la Terre.

LA VERTV, LA GLOIRE, ET L'IMMORTALITE'.

Nous n'avons pas dessein de troubler vos Plaisirs,
Goustez-les donc en paix, goustez-les sans Allarmes,
Et ne vous souvenez, ny du fier bruit des Armes,
Ny vous, Berger, de vos soupirs,
Ny vous, Bergere, de ses larmes,
Et dans ces momens pleins de charmes,
Bannissez de vos cœurs la Crainte & les Desirs.

LA POESIE.

C'est moy seule aux Heros qui partage la gloire,
Et qui par mes augustes sons,
Bien mieux que ne fait pas l'Histoire,
Tire de l'oubly leurs grands Noms,
Pour les eterniser par mes doctes Chansons,
Au sacré Temple de la Gloire.

LA

LA VERTV, LA GLOIRE ET L'IMMORTALITE'.

Nous n'auons pas deſſein de troubler vos Plaiſirs,
Gouſtez-les donc en paix, gouſtez-les ſans Allarmes,
Et ne vous ſouuenez, ny du fier bruit des Armes,
Ny vous, Berger, de vos ſouſpirs,
Ny vous, Bergere, de ſes larmes,
Et dans ces momens pleins de charmes,
Banniſſez de vos cœurs la Crainte & les Deſirs.

LA POESIE,

Vous qui reuerez mes Autels,
Chers nourriſſons, heureux mortels,
Ie veux rendre aujourd'huy voſtre bon-heur extréme,
Et qu'vn de ces fameux & ſçauans Demy-dieux,
En ce moment vienne luy-méme
Faire entendre en ces lieux
Le langage des Dieux.

LA VERTV, LA GLOIRE ET L'IMMORTALITE'.

Nous n'auons pas deſſein de troubler vos Plaiſirs,
Gouſtez-les donc en paix, gouſtez-les ſans Allarmes,
Et ne vous ſouuenez, ny du fier bruit des Armes,
Ny vous, Berger, de vos ſouſpirs,
Ny vous, Bergere, de ſes larmes,
Et dans ces momens pleins de charmes,
Banniſſez de vos cœurs la Crainte & les Deſirs.

La Poëſie, Mr. Grenu.

La Vertu, la Gloire & l'Immortalité, Mrs. d'Entieres, Loiarbre, Petit.

PRE-

PREMIERE ENTRE'E.

SUiuant la promesse que la Poësie a faite, d'enuoyer vn de ses Nourrissons pour contribuer par ses Ouurages, au diuertissement public, vn Poëte vient à l'instant dégager sa parole, & aprés auoir dansé quelque temps vn pas qui marque la fureur dont il est saisi, inuoque les Muses qui accourent quatre à son secours, trois desquelles promettent de luy enuoyer des sujets d'exercer sa veine: mais Melpomene à qui la Tragedie est consacrée, le fait resoudre à ne pas escrire dans ce genre-là, en luy faisant connoistre que ces pieces ne peuuent iamais égaler celle du Cinna que l'on va representer, qui seule a atteint dans cét art, la derniere perfection, & qui en est le chef-d'œuure.

Le Poëte. Monsieur de Piles.

Les quatre Muses. Messieurs de Chasteau-gay, le Camus, Mareüil, Vitermont.

Pour le Poëte.

Fauory d'Apollon qui venez en ces Lieux,
Enseigner aux mortels le langage des Dieux,
Ie ne vous pensois pas si sçauant à la Danse,
Et deussiez-vous vous en fascher,
Ie croyois qu'icy comme en France,

Celuy

Celuy qui parloit en cadence,
Rarement y pouuoit marcher.

Pour les quatre Muſes.

Muſes, quand ie vous vois danſer comme vous faites,
Ie me ſens du panchant à vous conter fleuretes;
Mais ce ſeroit en vain, & chez vous autres Sœurs,
On eſcouteroit peu de pareilles douceurs.

Pour Monſieur de Piles. *Poëte.*

Il m'eſt doux, ie l'aduouë, plus qu'on ne peut penſer,
De n'inuoquer iamais ſans me faire exaucer,
Auſſi pour dire vray, ie ſuis fait de maniere,
A pouuoir adoucir la Muſe la plus fiere.

Pour le Marquis de Chaſteau-gay. *Muſe.*

On n'a plus lieu de debattre,
S'il eſt des Muſes ou non,
De conte fait nous voicy quatre,
Sans ce qui garde la maiſon.

Pour Monſieur le Camus. *Muſe.*

Il n'eſt pas queſtion
De parler des abſentes,
Contons ſeulement les preſentes,
Et même que ſçait-on,
Si parmy ce qu'on voit de nous autres Sçauantes,
On ne trouueroit point quelques Paſſe-volantes?

Mon-

Monſieur de Mareüil. *Muſe.*

I'entre dans voſtre ſens, & ſi ie ne m'abuſe,
On pourroit bien icy reformer quelque Muſe.

Monſieur de Vitermont. *Muſe.*

Ie ne ſçay pas à qui voſtre diſcours s'adreſſe;
Mais ie ſuis ſeure au moins que ce n'eſt pas à moy;
Car ou ſoit par bon-heur, ou ſoit par mon adreſſe,
Dans vne aſſez grande ieuneſſe,
On m'a voulu flatter d'auoir de la Sageſſe,
De l'Eſprit, de l'Honneur, & de la bonne Foy;
Ie n'entends là deſſus ny fineſſe, ny ruſe,
Mais c'eſt aſſez pour eſtre Muſe.

II. ENTRÉE.

CLio ſi ſçauante dans l'Hiſtoire, fait paroiſtre ſix des plus fameux Heros de l'Antiquité; à ſçauoir Cyrus, Alexandre, Pyrhus, Hannibal, Pompée & Ceſar, dont les grandes actions peuuent ſeruir d'illuſtre matiere à des Poëmes Heroïques.

Cyrus, Monſieur de Vitermont. *Alexandre*, Le Cheualier de Rieux. *Pyrhus*, Le Sieur le Grand. *Hannibal*, Monſieur Trottan. *Pompée*, Le Sieur Petit. *Ceſar*, Monſieur de Rouuille.

Pour les Heros.

Heros grands Conquerans, fiers Demons de la Guerre,
Qui par mille Combats & mille beaux Exploits,
Auez semé vos Noms aux deux bouts de la Terre,
Et l'auez sçeu ranger toute entiere à vos Loix,
N'estes-vous pas contens des illustres Victoires,
Qui vous rendent fameux dans toutes les Histoires.
Venez-vous pour rauir à nostre ieune Mars,
La Gloire qu'il recherche au milieu des Hasards,
Ou bien pour releuer le Party de l'Espagne,
Qu'il a presqu'abatu la derniere Campagne?
Si vous auez aux cœurs de pareils sentimens;
Ha! rentrez bien plûtost dans vos froids monumens,
Contre luy vous feriez vn effort inutile,
Et ce Monarque seul en terrasseroit mille.
Ie sçay que vous auez pour vous l'Antiquité;
Mais ie suis seur pour luy de la Posterité,
Et malgré cét amas de belles aduantures,
Que de sçauans menteurs de vous nous ont tracés,
Il sera plus fameux chez les Races futures,
Que vous n'auez esté dans les Siecles passez.

Pour le Cheualier de Rieux, *Alexandre.*

Ie suis bien fait de corps, comme estoit Alexandre,
Et ie n'ay pas l'ame moins tendre,
Et si par mes menus Exploits
Ie pouuois ranger sous mes Loix,

Certaine

Certaine place assez difficile à surprendre,
Ie me tiendrois cent fois
Plus heureux qu'Alexandre.

Pour Monsieur de Rouuille , *Cesar.*

Entre Cesar & vous ie treuue du rapport,
Vous auez son Courage, & dedans vostre port
On remarque aisément vn air qui luy ressemble:
Mais ce que vous auez de plus commun ensemble,
C'est de vous voir tous deux sans beaucoup de tourment,
Et sans auoir besoin d'vne extréme Constance,
Treuuer dans vos Amours le bien-heureux moment,
Et tous deux le cacher auec méme Prudence.

Pour Monsieur Trottan , *Hannibal.*

Ie ne sçay pas en quoy ie pourrois ressembler
A ce vaillant Heros de l'ancienne Carthage,
Dont le Bon-heur & le Courage
Firent souuent Rome trembler;
I'ay tousiours passé pour bon homme,
Et n'ay iamais voulu ny bien ny mal à Rome.

III. ENTRE'E.

EVterpe qui preside à la Pastorale , enuoye trois Bergers & trois Bergeres , dont les Amours peuuent seruir au Poëte d'agreables sujets pour composer des Chansons tendres & passionnées, & leur Danse est interrompuë par quelques Bergers qui chantent, en forme de Dialogue, les paroles qui suiuent.

Berger qui chante, Mr. d'Entieres.

CHANSON DES BERGERS.

Chers Confidens de nos plaisirs,
Herbes, rochers, claires fontaines,
Et vous petits Zephirs,
Qui venez dans ces plaines,
Méler à nos souspirs
Vos plus douces haleines,
Est-il rien de si doux
Que d'aimer comme nous?

Le Chœur des Bergers.

Est-il rien de si doux
Que d'aimer comme nous?

Berger qui chante, Mr. Grenu.

AUTRE CHANSON DES BERGERS.

Vaut-il pas mieux estre Berger
Pour estre aimé d'vne Bergere,
Que d'estre Prince, & s'engager
A quelque Maistresse trop fiere,
Dont souuent pour se dégager,

On

On voudroit deuenir Berger,
Afin d'aimer une Bergere :
Est-il rien de si doux
Que l'Amour parmy nous?

Le Chœur des Bergers.

Est-il rien de si doux,
Que l'Amour parmy nous?

Les Bergers chantans, Mrs. Grenu, d'Entieres, Loiarbre, Petit.

Les trois Bergers dansans, Messieurs de Congis, de Chabossiere, Dormoi.

Les trois Bergeres, Messieurs de Vitermont, le Cheualier de Razilly, le Grand.

Pour les Bergers.

Que vous estes heureux, Bergers dans vos Amours!
Quand vous pouuez treuuer des Bergeres fidelles ;
Mais quand vous les treuuez volages ou rebelles,
Bergers, que vous passez de miserables iours.

Pour les Bergeres.

Ie ne m'estonne pas, si vous dansez si bien,
Car vous autres Bergeres
Ne tenez presqu'à rien,
Et naturellement vous estes fort legeres.

Pour

Pour Monsieur de Congis, *Berger.*

Ie ne souspire plus pour l'ingratte Bergere,
Qui me tenoit asseruy sous ses loix,
Et le dépit & la cholere,
De voir celuy que me prefere
Son trop iniuste & trop aueugle choix,
Font sur mon cœur tout à la fois,
Ce que son humeur trop seuere,
Et le cruel chagrin de ne pouuoir luy plaire,
N'aucient sçeu faire en quatre mois.

Pour Monsieur de Chabossiere, *Berger.*

Ie merite assez bien d'estre Chef d'vn Troupeau,
Et mieux qu'aucun Berger qui soit dans le hameau,
Ie roulerois sur la fougere,
Ie sçay fort bien quelle Bergere.
On m'accuse à grand tort d'auoir l'humeur legere;
Et souuent d'en conter à quatre en mesme temps,
Car tout le monde sçait aussi bien que moy méme,
Que ie n'ay pas changé depuis plus de trente ans,
Et que i'ay iusqu'icy tousiours aimé de méme.

Pour le Cheualier de Razilly, *Bergere.*

Qui ne me connoistroit, me voyant tousiours rire,
Ne me conteroit pas son amoureux martyre,

Et me iugeroit peu capable de secret,
Car ie parois vn peu legere:
Mais ie suis en effet toute autre qu'on ne croit,
Et quoy que tres-ieune Bergere,
Ie garde fort souuent le troupeau de mon frere.

IV. ENTRE'E.

THalie Mere de la Comedie, ne croit pas trouuer rien de plus propre pour seruir de sujet à vne piece Comique, qu'en enuoyant six Marquis ridicules, & vne fausse Pretieuse, de laquelle ils sont tous six amoureux, & les extrauagances qu'ils luy disent, doiuent fournir d'vne matiere assés plaisante pour vne ouurage de cette nature.

La Pretieuse, Monsieur de Chabossiere.

Les six Marquis ridicules, Messieurs de Congis, de Piles, Mareüil, les Sieurs le Grand, la Chapelle, Petit.

Pour les Marquis ridicules.

Ce n'est pas auec nous qu'il faut faire la fiere,
Madame, nous auons cent qualitez pour plaire;
Aussi l'on nous appelle auec quelque raison,
Les Marquis sans comparaison;
Regardez bien nostre maniere,
Elle approche peu du vulgaire,

Et

Et ſans citer Platon, ny tous ces vieux Autheurs,
Que nous autres Marquis croyons de grands menteurs,
A la pointe ſouuent de quinze ou vingt fleurettes,
Nous ſçauons conqueſter les plus ſuperbes cœurs,
Et toutes les faueurs des plus fieres ſoubrettes,
Ne nous couſtent iamais que deux ou trois douceurs;
Chez nous la ſeule politeſſe,
Peut tirer vn homme du pair,
Et l'Honneur, le Merite, & la haute Sageſſe,
Sont pauuretés ſans le bel air.

Pour la Pretieuſe.

Ie veux croire, mes beaux Marquis,
Que vous auez beaucoup d'acquis,
Vos termes ſont des plus exquis,
Et vos façons delicieuſes;
Mais chez nous autres Pretieuſes,
On croit comme article de foy,
Que quiconque à l'Amour s'engage,
Se met dans vn rude eſclauage,
Et qu'on ne peut ſonger à viure ſous ſa loy,
Sans bannir auſſi-toſt le repos de ſon ame,
Et meſme renoncer à ſes propres attraits;
Car ces deux accidens ſe ſuiuent de bien prés;
Et quand on a le cœur en flâme
On n'a iamais le teint bien frais.

V.

V. ENTRE'E.

A Peine le Poëte a t'il acheué sa derniere piece, que la Critique, qui se plaist à la compagnie des Autheurs, & particulierement des Poëtes, vient rendre visite à celuy-cy, & assistée du iugement, du sçauoir, de la viuacité & de la mode, examine tous ses ouurages, & n'y trouuant pas assés de matiere pour y faire valloir les talens extraordinaires qu'elle a pour la Censure, le quitte brusquement, en luy promettant de luy enuoyer la Renommée pour luy tenir compagnie en sa place.

La Critique, Monsieur de Piles.

Pour la Critique representée par M. de Piles.

Vous dont l'abord toujours austere,
Remplit de crainte vn pauure Autheur,
Pourquoy changez-vous donc auiourd'huy de maniere?
Et d'ou vous vient cette douceur,
Ie ne comprens pas ce mystere,
Ny ce que vous auez au cœur?
Mais sur vostre visage, au lieu de la Terreur,
Et d'vn air rude & seuere
Que vous y placez d'ordinaire,
On remarque des traits bien plus propres à plaire,
Que non pas à faire peur.

VI. ENTREE.

LA Renommée, qui naturellement est fort diligente, ne tarde guere à s'acquitter de la commission que la Critique luy a donnée, & aprés auoir admiré quelque temps les ouurages du Poëte, les prend de ses mains, & pour faire dépit au Silence, auec lequel elle est en continuelle guerre, les fait publier sur le champ par ses Trompettes, & les emporte en suitte pour les semer elle mesme par toute la terre.

La Renommée, Monsieur de Piles.

Pour la Renommée.

Prompte & diligente Courriere,
Qui par cent voyages diuers,
Semez en vn moment dans ce vaste Vniuers
Ce qui se fait dans l'vn, & dans l'autre hemisphere,
Gardez vous d'arracher au silence ces vers,
Laissez-les dans l'oubly manger à la poussiere,
Ils sont faits pour la nuit, & cherchent le secret,
Et si vous les forciés de paroistre en lumiere,
Ils y paroistroient à regret.

Quatre Trompettes, Messieurs de Congis, de Chasteau-gay, Mareüil, le Sieur Petit.

Pour

Pour Monſieur de Congis, *Trompette.*

Si l'on ne m'a pas entendu,
Ie ne manque pourtant, ny de voix, ny d'haleine,
Et ſi quelqu'vn a pretendu
En faiſant bien le ſourd, me donner de la peine,
On verra qui de nous aura le plus perdu.

Pour le Marquis de Chaſteau-gay, *Trompette.*

Quoy que ſimple faucet, ie fais aſſez de bruit,
Et par là ſous mes loix i'auois preſque reduit,
Malgré quelques Riuaux, le cœur d'vne pucelle,
Ieune, riante & belle;
Mais depuis peu prés d'elle
Vn Blondin me deſtruit,
Et fait par ſa douceur que l'ingratte que i'aime,
Ne m'eſcoute à preſent que comme vn faux bourdon,
Et quand ie l'entretiens de mon amour extréme,
La cruelle touſiours me répond ſur le Ton,
De Tarare, Tarare, Tarare Ponpon.

FIN.

www.ingramcontent.com/pod-product-compliance
Ingram Content Group UK Ltd.
Pitfield, Milton Keynes, MK11 3LW, UK
UKHW020542180726
13839UKWH00006B/2677

9 782329 613123